Anleitung

zur

Fütterung der Dienstpferde

vom 27. Oktober 1913

Berlin 1913

Bibliografische Informationen der Deutschen Nationalbibliothek:
Die Deutsche Nationalbibliothek verzeichnet diese Publikation
in der Deutschen Nationalbibliografie; detaillierte bibliografische
Daten sind im Internet über http://dnb.dnb.de abrufbar.

© 2023 Thomas Heise
Herstellung und Verlag:
BoD - Books on Demand, Norderstedt

ISBN: 978-3-7460-1286-5

Der Neudruck der vorliegenden „Anleitung zur Fütterung der Dienstpferde" soll die sachgemäße Anwendung der gewöhnlich und der ausnahmsweise zur Verfügung stehenden Futtermittel im Frieden und im Kriege fördern.

Die Offiziere der berittenen Waffen, der Fußartillerie, der Bespannungs-Abteilungen usw. haben sich mit dem Inhalt der Anleitung vertraut zu machen, Unteroffiziere und Mannschaften sind darüber zu belehren.

Ansprüche an die Heeresverwaltung oder die Quartiergeber sind aus dieser Anleitung in betreff der Futtermengen usw. nicht herzuleiten.

Die Anleitung vom 19. 3. 1896 tritt außer Kraft.

Berlin, den 27. Oktober 1913.

Kriegsministerium.

v. Falkenhayn.

Inhaltsverzeichnis.

Allgemeines.

1. Die Anleitung enthält die auf Erfahrung und Wissenschaft beruhenden Grundsätze, deren Beachtung für die sachgemäße Ernährung des Soldatenpferdes unerläßlich ist.

2. Ernährung, Pflege und Dressur sollen das Soldatenpferd zu den Arbeitsleistungen befähigen, die im Kriege und Frieden von ihm verlangt werden müssen.

3. Ernährung und Arbeit stehen hierbei in Wechselwirkung. Ohne ausreichende Ernährung kann das Pferd die nötige Arbeit nicht tun, und ohne zweckentsprechende Arbeit kann auch die beste Ernährung wohl Fett und Stallmut, nicht aber Muskeln und Ausdauer erzeugen.

4. Das für den Feldgebrauch sachgemäß vorbereitete Pferd hat feste ungebrochene Sehnen und Gelenke, eine straffe, volle Muskulatur und einen gewissen Überschuß an festem Fleisch; es ist gut bei Atem, abgehärtet gegen Witterungseinflüsse und macht einen munteren Eindruck.

5. Um die Pferde in diesen Zustand zu bringen und darin zu erhalten, genügt es nicht, nach den in dieser Anleitung enthaltenen Regeln lediglich schematisch zu verfahren. Als oberste Grundsätze sind vielmehr hinzustellen, daß die Fütterung der Arbeitsleistung entsprechen und daß, wie bei der Dressur, so bei der Pflege

und Ernährung der Pferde individualisiert werden muß. Das heißt, es muß der Eigenart des einzelnen Pferdes, der Art seiner Arbeit und den äußeren Umständen, unter denen sie geleistet wird, Rechnung getragen werden.

6. Für die Eskadron- und Batteriechefs usw. ist es eine dankbare Aufgabe, in diesem Sinne ihre Unterorgane heranzubilden. Wenn jeder Mann zum selbständigen, denkenden Pferdepfleger erzogen worden ist, wird der Lohn für diese Mühe im Manöver und im Felde nicht ausbleiben und in der Leistungsfähigkeit und dem Äußeren der Pferde dauernd in die Erscheinung treten.

7. Die Erhaltung der Pferde in dem unter Ziffer 4 geschilderten leistungsfähigen Zustand darf nicht an bestimmte Jahreszeiten gebunden sein, denn eine Hauptstärke des Heeres beruht auf seiner steten Bereitschaft (F. O. 34).

8. Um diesem Grundsatz gerecht zu werden, ist es notwendig, die Pferde vollkräftig in die anstrengenderen Dienstperioden zu bringen. Solche Perioden sind in regelmäßiger Wiederkehr das Frühjahrsexerzieren (zugleich Haarwechsel), die größeren Kavallerieübungen des Sommers und die Herbstübungen.

9. Zur Erhöhung der Kraft ist eine Steigerung des Körnerfutters (Hafer oder entsprechendes Ergänzungsfutter), womöglich ohne Verkürzung der Heuration, das geeignetste Mittel. Es muß Bedacht darauf genommen werden, die Zulage rechtzeitig vor diesen Perioden eintreten zu lassen.

Etwaige Ersparnisse, die in der übrigen Zeit gemacht werden, und zum Ankauf von Futter verwendbare Fonds werden zweckmäßig hierzu herangezogen.

10. Auch während der Anstrengungen ist nicht an Futter zu sparen.

Abnahme der Freßlust ist ein sicheres Zeichen dafür, daß Schonung am Platze ist und sich die Verabfolgung von Futterzusätzen, wie Kleientrank oder appetiterregenden Mitteln u. dgl., empfiehlt.

11. In der Zeit nach anstrengenden Dienstperioden, insbesondere nach den Herbstübungen, ist die Verabreichung reichlichen Rauhfutters erwünscht, nicht nur um das jetzt meist gesteigerte Hungergefühl zu befriedigen, sondern auch, um Koliken vorzubeugen, die andernfalls dadurch erzeugt werden, daß die mit leerem Magen und Darm ungewohnt lange im Stall stehenden Tiere feuchte und mit Mist durchsetzte Streu in Menge aufnehmen. Dem Auftreten von Koliken in der fraglichen Zeit ist im übrigen durch reichliche Bewegung, häufiges Tränken und Verabreichung von Salz entgegenzuwirken.

12. Besonderer Berücksichtigung bedürfen junge Pferde, deren Körper noch in der Entwicklung begriffen sind. Es würde ein großer, nicht wieder gutzumachender Fehler sein, wollte man an den für Remonten ausgeworfenen Rationen und Zulagen Ersparnisse machen. Es ist nicht nur wesentlich, die Verdauungsorgane der Remonten durch reichliches Rauhfutter zu erweitern und sie dadurch zur Aufnahme großer Futtermengen zu befähigen — sie zu guten Fressern zu erziehen — sondern auch mindestens ebenso wichtig, ihnen das zustehende Körnerfutter voll zu geben, damit sie während ihrer Ausbildung feste Knochen, Sehnen und Muskeln erlangen.

13. Um schlechten Fressern und Pferden, bei denen das Futter nicht anschlägt, aufzuhelfen, bedarf es in erster Linie der Feststellung der Ursachen des schlechten Fressens usw. Der Zustand der Zähne, etwaige Verletzungen der Laden und Zunge, der Zustand des Magens und Darms, Übermüdung, durch schnelle Arbeit oder Überanstrengungen hervorgerufene Nervosität, die Person des Pferdepflegers, die Nachbarpferde und deren Pfleger usw. sind dabei in Betracht zu ziehen. Danach ist das Verfahren zu wählen. Bei der Behandlung ist grundsätzlich regelmäßige, ruhige Arbeit völliger Ruhe und Einteilung des Futters in mehrere kleine Gaben, sowie Futterwechsel u. dgl. Arzneimitteln vorzuziehen.

14. Gute Beschaffenheit aller Nahrungsmittel ist die notwendige Voraussetzung für eine gute Ernährung.

15. Für die vollkommene Aufnahme der Futtermittel sowie ihre Verdauung und Ausnutzung ist es wichtig, daß die Pferde während des Futterns nicht durch Putzen belästigt und abgelenkt werden, und daß im Stalle möglichste Ruhe herrscht. Wenn es auch nicht möglich sein wird, bei Tage stete Ruhe im Stall zu erhalten, so muß doch das Bestreben hierauf gerichtet sein. Die Stallwachen haben daher bei Tage wie bei Nacht ihren Dienst so geräuschlos als möglich zu verrichten.

Zum Schutz gegen Fliegen und grelles Sonnenlicht empfiehlt es sich, die Fenster mit Vorhängen oder mit einem blauen Anstrich zu versehen.

Auch ist es zweckmäßig, nachts von einer Beleuchtung des Stalles Abstand zu nehmen und nur bei der Stallwache eine angezündete, aber verdeckte Laterne bereit zu halten, da die Pferde der Ruhe besser pflegen, wenn der Stall nicht beleuchtet ist. Sind sie einmal hieran gewöhnt, so kommen erfahrungsmäßig auch weniger Schlägereien vor.

16. Von großer Wichtigkeit für das Wohlergehen des Pferdes ist außerdem die Erhaltung reiner Luft in den Ställen, mithin eine sachgemäße Regelung der Zufuhr frischer Luft, da der Lufthunger des Pferdes und der Luftverbrauch sehr groß sind. Ganz besonders notwendig ist eine richtig angeordnete Lüftung der Ställe in denjenigen Monaten, in welchen die Pferde nur einen geringen Teil des Tages im Freien zubringen. Es muß sonach als ein großer Fehler bezeichnet werden, wenn im Winter zur Erzielung größerer Wärme im Stall der frischen Luft der Eintritt verwehrt wird.

Nächst reichlicher Lüftung ist eine trockene, gut gehaltene Streu Vorbedingung für gesunde Luft im Stalle.

17. Die Verabfolgung der täglichen Ration in mehreren Mahlzeiten ist bekömmlicher als in nur ein oder zwei großen.

18. Futter wird nur dann vollständig verdaut, wenn es gut gekaut und dadurch mit Speichel reichlich vermischt wird. In ganzen Körnern, unter Beigabe von Häcksel, und trocken verabfolgtes Futter ist darum im allgemeinen anders beschaffenem Körnerfutter vorzuziehen.

19. Das Pferd verdaut besser in der Ruhe als bei der Bewegung. Zweistündige Ruhe nach der Mahlzeit ist darum wünschenswert.

20. Völlige Leere des Magens setzt die Leistungsfähigkeit schnell herab. Dies ist

besonders im Felde sowie bei Dauerritten usw. zu beachten.

21. Noch schwerer als Hunger wird Durst ertragen. Das Futter wird besser aufgenommen und verdaut, wenn die Pferde $\frac{1}{4}$ bis $\frac{1}{2}$ Stunde vor der Mahlzeit satt getränkt worden sind.

Abschnitt II.

Rationssätze. Hafer, Heu, Stroh, deren Beschaffenheit und Verfütterung.

1. Unter allen Körnerarten ist Hafer das beste Pferdefutter. In ausreichender Menge neben gutem Wiesenheu und Roggenstroh verfüttert, vermag er die Pferde zu den größten Leistungen zu befähigen.

2. Die etatsmäßig in den genannten Futterarten gewährten Tagesrationen sind folgende:*)

a) Friedensration:

Im Standort:

Rationssatz II:		
Schwere Ration . . 5500 g Hafer	3500 g
Rationssatz III:	Heu
Mittlere Ration . . 5150 = =	und
Rationssatz IV:	3500 g
Leichte Ration . . . 4750 = =	Stroh.

---

*) Wegen Gewährung von Futterzulagen für einzelne Truppenteile usw. und unter besonderen Verhältnissen siehe Friedens= bzw. Kriegs=Verpflegungs=Vorschrift.

Auf dem Marsche:

Rationssatz II:			3500 g
Schwere Ration	. .	6000 g Hafer	Heu
Rationssatz III:			und
Mittlere Ration	. .	5650 - -	1750 g
Rationssatz IV:			Stroh
Leichte Ration	. . .	5250 - -	

Für schwere Pferde kaltblütigen Schlages beträgt die Tagesration:

Rationssatz I: im Standort 8500 g Hafer, 8500 g Heu und 3500 g Stroh;

Rationssatz I: auf dem Marsche 9200 g Hafer, 8500 g Heu und 1750 g Stroh.

b) Kriegsration:

Schwere Ration 6000 g Hafer, 2500 g Heu, 1500 g Futterstroh;

Leichte Ration 5500 g Hafer, 2500 g Heu, 3500 g Stroh;

Für schwere Pferde kaltblütigen Schlages 12000 g Hafer, 7500 g Heu, 3000 g Futterstroh.

3. Über Ergänzungs- und Ersatzfuttermittel siehe Abschnitt IV.

Beschaffenheit von Hafer, Heu und Stroh.

4. Guter Hafer soll dünnschalig, glänzend hell- bis goldgelb, möglichst großkörnig, staubfrei und trocken sein; er darf nicht dumpfig riechen, auch nicht in auffälliger Weise mit Auswuchs, Rade und anderen Unreinigkeiten vermischt sein. Weißlicher, grauer und schwarzer Hafer ist, bei sonst tadelfreier Beschaffenheit, in den Gegenden, wo er gewonnen wird, nicht zu verwerfen.

Glanzloser Hafer hat in der Regel durch Regen gelitten.

Das Gewicht des Hafers soll, unter Berücksichtigung der Ernteergebnisse, möglichst 115,5 g für das Viertelliter (22,8 kg für 50 l) erreichen oder doch nicht wesentlich dagegen zurückstehen.

Hafer, dessen Gewicht bei 50 l unter 22 kg sinkt, darf unter gewöhnlichen Umständen nicht verfüttert werden.

Mindestens zwei Monate alter Hafer pflegt bekömmlicher als ganz frischer zu sein, wenn dieser nicht etwa in ganz besonders trockenem Zustande geerntet worden ist.

Dumpf riechender, sauer oder bitter schmeckender, schimmliger und ausgewachsener Hafer ist von der Verfütterung auszuschließen, weil er auf die Gesundheit der Pferde nachteilig wirken kann. Ist man jedoch gezwungen, derartigen Hafer zu füttern, so tut man gut, ihn möglichst in der Sonne zu würfeln, auszustauben und mit Salzwasser angefeuchtet zu reichen.

5. Heu soll aus süßen Wiesengräsern (Knotengräsern) gewonnen, trocken und wohlriechend sein. Heu, welches noch nicht geschwitzt hat, also erst in den letzten 4 bis 8 Wochen gewonnen ist, erzeugt leicht Kolik, Durchfall und Schwitzen, muß im Notfall mit altem Heu oder Stroh vermischt gefüttert werden. Zu spät gemähtes, übergestandenes Heu sieht strohähnlich aus und ist minderwertig. Dumpfiges und schimmliges Heu ist gesundheitsschädlich; es läßt sich zuweilen durch Sonnen, Lüften und Besprengen mit Salz etwas verbessern.

6. Das Stroh (Roggenstroh, ausnahmsweise Weizen- oder Haferstroh) darf nicht schimmlig oder von dumpfem Geruch, nicht mit Rost- oder Brandpilzen besetzt, auch nicht in auffälliger

Weise mit Disteln oder Schachtelhalm vermengt und durch Mäusefraß beschädigt sein.

Richtstroh (Flegel- oder Handdrusch) und nichtgepreßtes Maschinen-Glattstroh (mit Breitdreschmaschinen gedroschen) ist das geeignetste Stroh und allen anderen Stroharten vorzuziehen.

Preßlangstroh darf keine kurz gedroschenen Teile oder Spreu enthalten; es ist je nach dem Grade der Pressung mehr oder weniger weich.

Maschinenkrummstroh (Ballenpreßstroh) ist zu weich und brüchig, nicht selten im Innern der Ballen verfärbt und dumpfig, als Futtermittel deshalb nicht geeignet. Nur im Notfalle bei durchaus einwandfreier Beschaffenheit verwendbar.

Besondere Zubereitung des Hafers.

7. Für gewöhnlich bedarf es einer besonderen Zubereitung des Futters nicht. Die Verfütterung von geschrotenem oder gequetschtem Hafer an gesunde Pferde auf eine längere Dauer ist nicht zu empfehlen.

Dagegen führt die vorübergehende Verabreichung des geschrotenen und gequetschten Hafers bei Pferden, deren Ernährungsverhältnisse sich durch Krankheiten verschlechtert haben, eine schnellere Hebung der Kräfte herbei. Auch kann geschrotener oder gequetschter Hafer an alte Pferde oder an Pferde mit schlechten Zähnen zeitweise verfüttert werden. Der Hafer darf indes nur grob geschroten (gebrochen) oder gequetscht werden.*)

---

*) Wegen der Salzfütterung vgl. Abschnitt IV Nr. 25.

Einteilung der täglichen Futterrationen unter gewöhnlichen Verhältnissen.

(Standort usw.).

8. **Hafer.** Die tägliche Ration wird zweckmäßig in drei Mahlzeiten als Morgen-, Mittag- und Abendfutter verabreicht, zu Stunden, welche vom Dienstbetrieb abhängig sind. Das Abendfutter kann $\frac{1}{2}$ bis $\frac{2}{3}$ des gesamten Tagesfutters ausmachen. Beträgt ein Futter mehr als 2000 g, so empfiehlt es sich bei mäßigen Fressern, dasselbe wiederum in zwei Gaben zu teilen, von denen die nächste erst gegeben wird, nachdem die erste aufgefressen ist.

9. **Häcksel.** Wenn durchführbar, wird dem Hafer 2 bis $2\frac{1}{2}$ cm langer Stroh- oder Heu-Häcksel, besser noch beides gemischt (2 Teile Stroh, 1 Teil Heu), zugesetzt; 1000 g, auf die Haferfutter verteilt, genügen durchschnittlich für Pferd und Tag.

Das zum Verschneiden als Häcksel bestimmte Stroh muß besonders sorgfältig auf die unter Ziffer 6 angeführten Eigenschaften hin geprüft werden.

Der Häcksel wird erst bei der jedesmaligen Verabreichung des Futters mit dem Hafer gemischt, weil beim Mengen im Futterwagen oder -kasten der Hafer infolge seiner Schwere zu Boden sinkt und die Pferde, die zuerst Futter erhalten, weniger Haferkörner bekommen würden als die nachher gefütterten. Da viele Pferde die Neigung haben, den Häcksel herauszublasen, so empfiehlt sich bei diesen eine leichte Anfeuchtung des Futters mit Wasser, wozu man sich nicht des Eimers, sondern am besten eines kleinen Gefäßes bedient. Ein größerer Zusatz von Wasser ist zu vermeiden, weil die Pferde alsdann zu wenig kauen und das Futter zu schnell verschlucken würden, was sich durch unverdaut abgehende Körner bald bemerklich macht.

Durch die Beifütterung des Häcksels werden die Körner besser zerkleinert und eingespeichelt und durch ihre größere Ausbreitung im Magen und Darm besser verdaut.

10. Heu wird den Pferden gleichfalls in drei Mahlzeiten, und zwar im Standort am besten vormittags nach dem Einrücken 750 g, nachmittags 750 g und abends 2000 g gegeben. Auf dem Marsche, im Manöver usw. erhalten die Pferde das Heu zweckmäßig nach dem Einrücken und abends.

11. Stroh. Der nicht zum Häcksel verbrauchte Teil der Strohration dient zur Einstreu. Auch das Streustroh muß, da die Pferde davon fressen, gesund, darf vor allem nicht feucht, grau verfärbt, dumpfig oder mit Pilzen befallen sein. Das Hochbinden der Pferde am Tage, um sie am Streufressen zu hindern, empfiehlt sich nicht, da nach dem Herunterbinden das Versäumte nachgeholt wird. Sattgefütterte Pferde lassen die Streu liegen, deshalb hilft gegen das übermäßige Streufressen am besten eine gut bemessene Körner- oder Heuzulage. Gelegentlich kann auch Salz aufs Futter gestreut von Vorteil sein.

Abschnitt III.

Tränken.

Die Menge des Wassers, deren das Pferd täglich bedarf, richtet sich nach der Beschaffenheit des Futters, der Lufttemperatur und der Arbeitsleiſtung, aber auch die Gewöhnung iſt hierbei nicht ohne Einfluß.

Das Tränkwaſſer ſoll farblos, klar und durchſichtig, geruchlos, ohne beſonderen Geſchmack und frei von Beimengungen ſein. Am bekömmlichſten iſt es, wenn es eine Temperatur von + 9 bis 12° C. hat. Zu kaltes Waſſer verurſacht Erkältungen, zu warmes Waſſer erfriſcht nicht und macht die Pferde ſchlaff und zum Schwitzen geneigt.

Beim Tränken gilt der Grundſatz, daß es vor dem Füttern ſtattzufinden hat (vgl. Abſchnitt I Ziffer 21), ſowie daß den Pferden nicht ein beſtimmtes Maß zuzuteilen iſt, der Durſt muß vielmehr vollkommen befriedigt werden. Unter gewöhnlichen Verhältniſſen (Standort uſw.) genügt es, die Pferde dreimal täglich zu tränken. In warmer Jahreszeit, desgleichen nach den Herbſtübungen, muß es mindeſtens viermal geſchehen, das vierte Mal am beſten zwei Stunden nach dem Mittagsfutter.

In keinem Fall dürfen ſtark erhitzte Pferde, die nicht ſogleich weiter geritten werden ſollen, getränkt werden. Aber auch, wenn dies der Fall iſt, empfiehlt es ſich, den Pferden zu ihrer Erfriſchung zunächſt das Maul mit Waſſer auszuſpülen und erſt, nachdem ſie 5 bis 10 Minuten geſtanden haben, etwas Waſſer, deſſen Temperatur nicht unter + 12° C. liegt, und auf welches Heu gelegt iſt, zu langſamem Genuß vorzuhalten.

Pferde, welche geſchwitzt haben und noch nicht ganz trocken geworden ſind, dürfen erſt eine halbe Stunde nach dem Einrücken in den Stall getränkt werden, wenn ſich Atem und Herztätigkeit völlig beruhigt haben.

Abschnitt IV.

Ergänzungs= und Ersatz=Futtermittel.

Als Ergänzungs= und Ersatz=Futtermittel kommen hauptsächlich in Betracht:

Gerste, Roggen, Weizen, Mais, Erbsen, Bohnen, Wicken, Brot, Ölkuchen, Kartoffeln, Klee= und Luzernenheu, Weizen= und Haferstroh, Grünfutter.

Weizenkleie, Rüben, Salz dienen zur Beförderung der Verdauung, Anregung des Appetits usw.

Für den Fall, daß Hafer, Wiesenheu und Roggenstroh gar nicht oder nicht in genügender Menge zu haben sind, muß Ersatz durch andere Nahrungsmittel geschaffen werden. Dieser Fall wird besonders in Feldzügen eintreten. Da aber viele Pferde die ihnen fremden Futterarten anfänglich versagen, so ist es vorteilhaft, sie damit bereits im Frieden gelegentlich vertraut zu machen. Haben sie sich erst einmal daran gewöhnt, so nehmen sie dieselben auch später meist willig auf.

Es ist aber auch nach den Erfahrungen der letzten Kriege von hoher Bedeutung, daß Offiziere und Mannschaften wissen, wie und in welchen Mengen sie selten gebräuchliche Futtermittel zu geben haben. Durch falsche Verabreichung, namentlich in zu geringen oder zu großen Mengen, kann die Truppe große Pferdeverluste haben und schließlich gebrauchsunfähig werden.

In der nachstehenden Tabelle sind nach Gewicht diejenigen Mengen der wichtigsten Ersatz= Futtermittel (abgesehen von Heu= und Stroh= arten) verzeichnet, welche als Ersatz für die Kriegsration an Hafer dienen können,

wenn man ausschließlich auf sie angewiesen ist.
Ein solcher Ersatz ist aber möglichst auf
kurze Zeit — wenige Tage — zu beschränken, da die Pferde für die Länge
der Zeit unter der vollständigen Ent-
ziehung des Hafers und der ausschließlichen Verabreichung schwer verdaulicher
Körnerfrüchte leiden würden.

| Lfde. Nr. | Futter-mittel | Rationsmenge | | | Heu | Stroh |
| | | Gramm | | | | |
		für schwere Zugpferde	schwere Ration	leichte Ration	Gramm	Gramm
1.	Gerste .	12 000	—	—	7 500	3000
		—	6 000	—	2 500	1500
		—	—	5 500	2 500	3500
2.	Roggen	12 000	—	—	7 500	3000
		—	6 000	—	2 500	1500
		—	—	5 500	2 500	3500
3.	Weizen .	12 000	—	—	7 500	3000
		—	6 000	—	2 500	1500
		—	—	5 500	2 500	3500
4.	Erbsen .	9 000	—	—	10 000	6000
		—	4 500	—	5 000	3500
		—	—	4 100	5 000	7000
5.	Bohnen	9 000	—	—	10 000	6000
		—	4 500	—	5 000	3500
		—	—	4 100	5 000	7000
6.	Wicken .	9 000	—	—	10 000	6000
		—	4 500	—	5 000	3500
		—	—	4 100	5 000	7000
7.	Mais . .	12 000	—	—	7 500	3000
		—	6 000	—	2 500	1500
		—	—	5 500	2 500	3500

Lfde. Nr.	Futter= mittel	Rationsmenge Gramm			Heu Gramm	Stroh Gramm
		für schwere Zugpferde	schwere Ration	leichte Ration		
8.	Buch=weizen	13 000	—	—	7 500	3000
		—	6 500	—	2 500	1500
		—	—	6 000	2 500	3500
9.	Lupinen	9 000	—	—	10 000	6000
		—	4 500	—	5 000	3500
		—	—	4 100	5 000	7000
10.	Hirse . .	12 000	—	—	7 500	3000
		—	6 000	—	2 500	1500
		—	—	5 500	2 500	3500
11.	Grün=futter .	80 000	40 000	35 000	—	—

Bei der Verwendung der vorgenannten Er=gänzungs= und Ersatz=Futtermittel ist folgendes zu beachten:

1. Gerste kann je nach ihrer Güte den Hafer teilweise oder in ganzer Rationshöhe ersetzen. Wegen ihrer Härte ist sie schwer zu zerkauen, wird deshalb im gequetschten Zustand besser verdaut. Nach übermäßiger Gerstefütterung entstehen leicht Verdauungsstörungen, Kolik und Verschlag.

Gute Gerste soll großkörnig, hellgelb, blank und nicht dumpfig sein.

2., 3. Roggen und Weizen sind ebenfalls gute Ersatzmittel für Hafer. Sie dürfen jedoch nicht in frischem Zustande und nicht in zu großen Mengen verfüttert werden, auch unter keinen Um=ständen vor dem Tränken, weil sonst Verdauungs=

störungen, Kolik und Verschlag eintreten können. Nur im Notfalle kann die Haferfütterung plötzlich ganz unterbrochen und sofort durch Roggen- oder Weizenfütterung in den oben verzeichneten vollen Rationen ersetzt werden. Für gewöhnlich empfiehlt es sich jedoch, wenn tunlich, die Pferde allmählich an die Roggen- bzw. Weizenfütterung in der Weise zu gewöhnen, daß man den Hafer in den ersten Tagen nur zu $\frac{1}{3}$ bis $\frac{1}{4}$ durch Roggen oder Weizen ersetzt, dann einige Tage hindurch beide zu gleichen Teilen füttert und zuletzt zur ausschließlichen Roggen- oder Weizenfütterung in den oben angegebenen Mengen übergeht. Reine Roggen- oder Weizenfütterung ohne Heu und Stroh ist zu vermeiden, weil hierbei leicht Durchfall eintritt. Durch Brühen oder Kochen werden Roggen und Weizen bekömmlicher.

In betreff der guten Beschaffenheit gilt das über Hafer Gesagte.

4., 5., 6. Erbsen, Bohnen, Wicken. Diese Hülsenfrüchte gehören zu den kräftigsten Ergänzungs- und Ersatzmitteln für Hafer. Sie befähigen die Pferde zu großer Kraftleistung und Ausdauer. Schon einige Hände voll, auf jedes Haferfutter einige Wochen lang gegeben, haben eine sehr gute Wirkung. Unvermischt und in größerer Menge dürfen diese Futtermittel nur verabreicht werden, wenn die Pferde reichliche Arbeit haben, da sie andernfalls leicht Gehirnkrankheiten, Kolik und Verschlag verursachen.

Als Ergänzungsfutter pflegt man Erbsen, Bohnen, Wicken ungebrochen, gebrochen oder gequellt zu geben. Die beiden letzteren Zubereitungsarten verdienen den Vorzug. Werden sie gequellt, so ist auch das dazu benutzte Wasser noch mit

Vorteil zum Anfeuchten des Futters zu verwenden, da es einige Nährstoffe enthält.

Werden diese Hülsenfrüchte als ausschließliches Futter in der angegebenen Menge verfüttert — von einem Mehr ist entschieden abzuraten —, so ist mehr Rauhfutter, Heu, Stroh oder Häcksel, zuzufüttern, um bei den verhältnismäßig kleinen Mengen dieses intensiven Kraftfutters eine größere Verdünnung und leichtere Verdaulichkeit zu erzielen.

Beschaffenheit: Erbsen, Bohnen, Wicken sollen möglichst großkörnig, glattschalig, frei von Wurmfraß und von Schimmel sein.

Die Erbsen dürfen nicht mit Platterbsen (beilförmig, eckig) oder mit Kichererbsen (rundlich mit schnabelförmig hervorstehender Wurzelanlage) vermischt sein, da nach ihrer Fütterung Erstickungsanfälle und Lähmung des Hinterteils eintreten können.

7. Mais wird in Deutschland nur als Grünfutter gebaut. Als Körnerfutter wird er viel aus Amerika und südeuropäischen Ländern eingeführt. Ungarischer Mais wird von den Pferden seiner harten Schale wegen nur ungern genommen. Amerikanischer Mais kann dagegen als zeitweiser Ersatz für Hafer ohne Nachteil gefüttert werden.

Guter Mais muß trocken, glänzend, nicht dumpfig sein und soll nicht viele Bruchstücke enthalten. Farbe, Größe und Form der Körner sind nicht von besonderer Bedeutung.

Mais ist mehr Mast- als Kraftfutter. Die Pferde werden durch ihn fett und erhalten glänzendes Haar, schwitzen aber leicht; deshalb füttert man ihn ungern während der heißen Jahreszeit.

Maisfütterung als teilweiser Ersatz des Hafers ist möglichst auf die kühleren Monate zu beschränken und hat auch dann nur eine gewisse Berechtigung, wenn Mais erheblich billiger als Hafer ist.

Im Notfalle kann der Hafer für kurze Zeit ganz durch Mais in der in der Tabelle angegebenen Menge ersetzt werden. Immer, auch wenn der Mais nur als Zufutter gegeben wird, ist es wichtig, vor dem Füttern zu tränken, ist dies aber nicht ausführbar, so tränke man erst nach zwei Stunden.

Mais ist entweder in ganzen Körnern oder grob gebrochen, und zwar trocken zu füttern, je nach der Härte seiner Schale und wie die einzelnen Pferde ihn zu kauen vermögen. Niemals ist er zu quellen oder fein zu schroten.

8. Buchweizen darf nur ausnahmsweise als Ersatz für Hafer verwertet werden; er verlangt Vorsicht bei der Fütterung, erzeugt leicht Verdauungs- und nervöse Störungen. Wegen seiner harten Schalen ist er zu schroten.

9. Lupinen. Die nicht entbitterten Lupinen werden ihres bitteren Geschmacks wegen als alleinige Nahrung in der Regel nicht in solchen Mengen aufgenommen, daß die Pferde leistungsfähig bleiben. Lupinen bilden aber als Ersatzmittel von $1/3$ bis $1/2$ des Körnerfutters im allgemeinen ein gedeihliches Futter, doch sind Fälle von Vergiftung (auch bei entbitterten Lupinen) nicht ausgeschlossen. Bei Lupinenfütterung muß die Heuration vergrößert werden.

10. Hirse wird in manchen Gegenden Deutschlands, sonst viel in Asien und Afrika angebaut und hier an Pferde viel verfüttert. Ihrer Härte und ihres kleinen Samens wegen ist sie zu schroten. Im Nährwert ist sie dem Hafer gleich.

11. Ölkuchen (Leinkuchen, Erdnußkuchen, Sesamkuchen u. a.). Diese enthalten viel Eiweiß und Fett, aber keine Stärke, können deshalb als ausschließliches Ersatzfutter für Hafer nicht dienen, sondern nur als Kraftfutterzulage (2 bis 3 Pfd. täglich) verwertet werden.

Leinsamen werden wegen ihres Gehalts an Öl und Schleim als diätetisches Mittel bei chronischen Verdauungsstörungen und auch während der Haarperiode trocken oder als Trank zugefüttert.

12. Kartoffeln. Während rohe Kartoffeln in größeren Mengen für Pferde gesundheitsschädlich sind und deshalb nicht gefüttert werden dürfen, sind gedämpfte und Trockenkartoffeln als Pferdefutter im Notfall zu verwenden. Gedämpfte Kartoffeln können pro Tag und Pferd 20 bis 30 Pfd. und Trockenkartoffeln in gleicher Gewichtsmenge wie Hafer unter genügendem Zusatz von Häcksel, Heu und etwas Ölkuchen (1 bis 2 Pfd.) gefüttert werden. Eine Salzzulage ist zu empfehlen. Kartoffelfütterung macht die Pferde für die Länge der Zeit schlaff und leicht zum Schwitzen geneigt; daher ist sie auf kurze Zeit zu beschränken.

Bei den Trockenkartoffeln unterscheidet man Flocken, Schnitzel, Scheiben und Preßkartoffeln (Papka usw.). Die Schnitzel und Scheiben dürfen nicht lederartig sein, sie verlieren dadurch an Nährwert; die Preßkartoffel (Papka usw.) ist in fester Tafelform hergestellt, ähnlich den Ölkuchen; die Flocken sehen blättrig aus und eignen sich als Zusatzfutter für Pferde am besten.

13. Grünfutter. Wiesengras, Rotklee und Luzerne, letztere auch ewiger Klee genannt. Die genannten Grünfuttermittel sind zwar, in großen

Mengen (vgl. die Tabelle) verfüttert, geeignet, auf kurze Zeit den Hafer teilweise und im Notfalle auch ganz zu ersetzen, ohne daß die Pferde an Leistungsfähigkeit wesentlich einbüßen, auf die Dauer können sie jedoch als Kraftfutter nicht verwendet werden. Um Krankheiten zu verhüten, soll man den Pferden vor der Grünfütterung womöglich eine Handvoll Heu reichen. Das Grünfutter darf ferner in der Regel nicht länger als 12, höchstens 24 Stunden vorrätig gehalten werden. Verwelktes oder erhitztes Grünfutter ist unter allen Umständen zu verwerfen.

Junger, geil gewachsener Klee soll niemals rein, sondern mit Heu und Stroh zusammen verfüttert werden.

In geringen Mengen gegeben, ist Grünfutter ein vortreffliches, ähnlich wie Rüben wirkendes diätetisches Beifutter.

Wo man im Felde Gelegenheit hat, die Pferde ein wenig grasen oder grünes Laub von Baum und Strauch fressen zu lassen, soll man ihnen diese Erfrischung nicht verwehren.

(Siehe Abschnitt I Ziffer 20.)

14. Grünhafer, Grünroggen, Grünweizen. Diese selten zur Verfütterung gelangenden Futterarten sind den Pferden im allgemeinen durchaus bekömmlich und für kürzere Zeit geeignet, sie leistungsfähig zu erhalten. Bei der Fütterung ist darauf zu achten, daß Halme und Ähren gleichmäßig durcheinander gemischt sind, da der ausschließliche Genuß der Ähren Verdauungsstörungen zur Folge haben kann.

Mehr als für die anderen Ersatzfuttermittel gilt für alles Grünfutter, daß es ohne große Gefahr nicht in größeren Tagesmengen verfüttert werden darf, als die Tabelle angibt, und daß diese Tagesmengen, wenn irgend angängig, in mehreren Mahlzeiten verabfolgt werden müssen.

Auch müssen die Pferde vor dem Füttern, keinesfalls bald nach demselben, getränkt werden.

15. Grünlupinen dürfen nur im Falle dringender Not und nur für wenige Tage als Haferersatzmittel verfüttert werden, da sie wegen ihres widerlichen Geschmacks von den Pferden in immer kleineren Mengen aufgenommen werden, so daß sich deren Leistungsfähigkeit sehr schnell vermindert.

Beschaffenheit: Grünlupinen sollen noch ein frisch-grünes Aussehen haben, die Blüten (gelb bzw. blau) sollen noch gut erhalten sein. Lupinenfutter, das bereits in Haufen liegt, darf nicht verfüttert werden, da es die Pferde leicht krank macht.

16. Hafer- und Weizenstroh stehen dem Roggenstroh im Futterwert nicht nach, dürfen nur nicht mit Pilzen befallen sein.

17. Bohnen- und Erbsenstroh. Diese Stroharten haben, wenn trocken geerntet und ohne Schimmelbildung, einen gewissen Nährwert.

18. Brot. Schwarz- und Graubrot in nicht zu frischem und nicht verschimmeltem Zustande wird von allen Pferden gern genommen und ist ein vorzügliches Beifutter bei allen Gelegenheiten.

19. Mehl von Gerste, Weizen, Roggen, Hafer, Erbsen, Bohnen, Mais wird bei Gelegenheiten, bei denen man nur wenig Zeit zum Füttern hat, z. B. bei schnellen, weiten Ritten, vorteilhaft als Zusatz zum Wasser gegeben.

20. Unausgedroschene Garben von Hafer, Roggen, Weizen, Gerste werden im Felde manchmal statt des ausgedroschenen Getreides verwendet werden müssen und ersetzen dieses völlig, falls man dem Pferde genügende Zeit zum Fressen geben kann.

21. Weizenkleie.

Bei schlecht fressenden, mageren Pferden, nach sehr anstrengenden Ritten, zur Beseitigung von Verdauungsstörungen wird Weizenkleie mit gutem Erfolge angewendet, und zwar je nach dem Zwecke trocken als Zusatz zum Hafer, als Kleienmash oder als Kleientrank.

Kleienmash bereitet man durch Aufgießen kochenden Wassers auf die Kleie, bis sich unter Umrühren ein dicker Brei bildet.

Durch Zusetzen von kaltem Wasser zu diesem Brei wird Kleientrank bereitet.

Kleienmash und Kleientrank werden meistens und besonders nach rascher Arbeit lauwarm verabreicht, doch gibt es einzelne Pferde, die die Aufnahme in diesem Zustande hartnäckig verweigern. Diese müssen den Trank dann abgekühlt erhalten und sind nicht etwa durch Eingießen zur Aufnahme zu zwingen.

Beschaffenheit: Gute Weizenkleie soll hell gelbrot gefärbt, nicht dumpfig oder feucht sein und keine schwarzen Beimengungen enthalten, die gewöhnlich von den Samen der Kornrade oder von Brandsporen herrühren.

22. Mohrrüben (Wurzeln) sind als Beifutter in geringer Menge ein diätetisches, den Appetit und die Darmtätigkeit anregendes Futtermittel, indes ohne großen Nährwert. Sie sind nur roh, gereinigt und zerschnitten zu geben. Verfaulte Rüben sind zu verwerfen.

23. Melasse ist der syrupartige Rückstand der Rohrzuckerfabrikation. Zur bequemeren Handhabung wird sie mit stark aufsaugefähigen Stoffen (Torf, Kleie, Spelzen, Biertreber, Stroh u. a. m.) vermischt. Diese Melasseträger haben entweder gar keinen Nährwert, wie z. B. Torf, oder sind mehr oder weniger verdaulich. Die Melasse ent-

hält außer Salzen hauptsächlich Zucker, kann deshalb den Hafer nicht ersetzen, sondern nur als Beifutter gegeben werden. Sie regt den Appetit und die Darmtätigkeit an, ist deshalb bei schlechten Fressern und als Vorbeuge gegen Kolik von Nutzen. Man gibt 1½, höchstens 3 Pfund pro Pferd; größere Mengen erzeugen Durchfall. Die Pferde müssen langsam an die Melasse gewöhnt und frühzeitig vor dem Verlassen des Standortes davon abgewöhnt werden.

Lästig ist bei der Melassefütterung der Umstand, daß die Fliegen stark angelockt werden.

24. Zucker. Wegen seiner leichten Verdaulichkeit und schnellen Verbrennung im Körper ein guter Kraftspender, der besonders bei anstrengenden Übungen, Distanzritten und dergleichen als Zulage oder teilweiser Ersatz des Hafers Verwendung finden kann. Pferde vertragen bis 6 Pfund täglich; als Zulage genügen 1 bis 2 Pfund täglich mit dem Trinkwasser oder aufs Futter gestreut.

25. Salz. Besonders nach den Herbstübungen, aber auch zu anderen Zeiten zeigen die Pferde Salzhunger, der sich durch Belecken der Wände und durch Fressen der mit Urin verunreinigten Streu zu erkennen gibt. Auch tritt mit dem Haarwechsel im Herbste und Frühjahre ein Mehrbedarf an stickstoffhaltigen Substanzen auf, der durch größere Nahrungszufuhr gedeckt werden muß. Es empfiehlt sich dann die Verabreichung von Kochsalz. Dieses wird entweder in Pulverform oder in Wasser gelöst dem Futter in gleichmäßiger Zerteilung beigemischt. Es genügt täglich ein Eßlöffel voll pro Pferd, auf die drei Mahlzeiten verteilt. Auch Salzlecksteine können vorgelegt werden. Zu beachten ist nur, daß eine zu große Salzaufnahme Durchfall verursacht.

Abschnitt V.

Giftpflanzen.

Die wichtigsten Giftpflanzen sind: Schachtelhalm (verursacht bisweilen Lähmung des Hinterteils), Herbstzeitlose, gemeines Schöllkraut, gemeiner Froschlöffel, Kälberkropf, Wasserschierling, gefleckter Schierling, Gartenschierling, Fingerhut, Tollkirsche, Goldregen, Akazie, Buchsbaum, Oleander (Lorbeerrose), Taxus (Eibenbaum), Hahnenfuß, Nieswurz, Wiesenschaumkraut (soll grün verfüttert zuweilen Verschlag verursachen), Gottesgnadenkraut, Sumpfdotterblume.

Giftig wirken ferner die Samen von Taumellolch, Kornrade, Wasserpfeffer.

Abschnitt VI.

Füttern und Tränken unter besonderen Verhältnissen (im Manöver, im Felde usw.).

Im Manöver, im Felde und überhaupt bei Anstrengungen, welche über die gewöhnliche Arbeitsleistung hinausgehen, wird das Füttern und Tränken sich nach den vorliegenden Verhältnissen zu richten haben. Leitender Grundsatz muß jedoch bleiben, den Pferden so oft als irgend angängig Futter zu verabreichen und ihren Durst zu löschen. Es ist zu berücksichtigen, daß selbst geringe Futter- und Wassermengen im gegebenen Moment von hoher Wichtigkeit für die Erhaltung der Leistungsfähigkeit der Pferde sind. (Siehe I, 20.)

Die größte Futtermenge ist den Pferden möglichst vor der voraussichtlich längsten Ruhepause
zu reichen, um eine gute Ausnutzung des Futters
zu erzielen.

Anhang.

1. Nahrungsmittel, Nährstoffe.

Die Fütterung hat in erster Linie den Zweck,
dem Pferde die zu seiner Erhaltung notwendigen
Stoffe zuzuführen. Das hierzu erforderliche Futter
wird als Erhaltungsfutter bezeichnet. Soll
das Pferd Arbeit leisten oder Fleisch ansetzen oder
noch wachsen, so muß ein reichlicheres Futter gegeben werden, welches man Produktionsfutter
nennt. Das Futter besteht entweder aus von der
Natur gebotenen oder aus zubereiteten Nahrungs-
mitteln, von denen die einen mehr, die anderen
weniger Nährstoffe enthalten. Die Nährstoffe
stimmen mit den Bestandteilen des tierischen
Körpers nur annähernd überein und erfahren
durch die Verdauung derartige Veränderungen,
daß sie in löslicher Form im Darm aufgesogen
und durch die Blutbahn den Gewebszellen zum
Ersatz oder Ansatz zugeführt werden können.

Die Nährstoffe sind anorganischer Natur
(Wasser, Salze) und organischer Natur.

Das Wasser ist für das Leben der Tiere unentbehrlich. Da der Körper des Tieres zum
großen Teil aus Wasser besteht und durch den
Kot, den Harn, die Lungen- und die Haut-
atmung andauernd Wasser abgibt, so muß dem
Körper wieder Wasser in genügender Menge zugeführt werden. Je trockener und heißer die Luft

ist, je mehr Anstrengung das Pferd gehabt hat und je weniger Wasser das gebotene Futter enthält, desto größer ist der Wasserverbrauch des Körpers.

Als allgemeinem Lösungsmittel kommt dem Wasser im Tierkörper die Aufgabe zu, alle chemischen und physikalischen Vorgänge zu ermöglichen. Es erhält die Gewebe elastisch und vermittelt den Stoffersatz im Körper. Eine bedeutende Rolle spielt das Wasser auch als Wärmeregler, indem es bei der Schweißbildung bzw. durch Verdunstung an der Körperoberfläche verhindert, daß der Körper zu hohe Temperaturen annimmt.

Die Salze (Kochsalz, phosphorsaurer Kalk, Kalium- und Eisenverbindungen) sind für das Leben und Wachstum der Tiere unbedingt notwendig und finden sich stets in den Futtermitteln.

Die organischen Nährstoffe teilt man nach ihrer chemischen Beschaffenheit in stickstoffhaltige und stickstofffreie ein. Die stickstofffreien Nährstoffe, hauptsächlich Stärke und Fett, bilden besonders die Kraftquelle des arbeitenden Tieres; die stickstoffhaltigen Nährstoffe, die sogenannten Eiweißstoffe, sind für die Erhaltung und das Wachstum des Tieres unentbehrlich. Neben den Nährstoffen enthalten die Nahrungsmittel noch Substanzen, welche, wenn sie auch selbst nicht von den Körperorganen des Tieres aufgenommen werden können, doch dem Tiere dadurch nützlich sind, daß sie den Appetit anregen, die Absonderung der Verdauungssäfte befördern und damit die Ausnutzung des Futters begünstigen. Dahin gehören die gewürzigen Substanzen.

2. Verdauung.

Die Verdauung hat den Zweck, die Nahrungsmittel bzw. die Nährstoffe zur Aufnahme ins Blut
geeignet zu machen. Die Nahrungsmittel erleiden
folgende Veränderungen im Verdauungsapparat:

1. Nach der Aufnahme werden sie zerkleinert,
   eingespeichelt und geschluckt,
2. ihre löslichen Stoffe werden durch das im
   Verdauungsapparate vorhandene Wasser
   gelöst,
3. ihre unlöslichen Nährstoffe werden durch
   die Verdauungssäfte in lösliche Stoffe umgewandelt.

Neben diesen Verdauungsvorgängen laufen im
Verdauungsapparate noch Gärungs- und Fäulnisprozesse ab.

Das Futter (Körner, Heu, Häcksel usw.) wird
von den Pferden mit den Lippen bzw. mit der
Zunge ergriffen und in die Maulhöhle geführt,
wo es durch seitliche Bewegungen der Kiefer
zwischen den Backenzähnen zerkaut und nach
Bildung von Bissen verschluckt wird. Beim Kauen
werden die Nahrungsmittel dadurch, daß ihre
Hüllen, die Zelluloseschichten der Körner, die Zell-
wände usw. zersprengt werden, für die Einwirkung
des Speichels zugänglich gemacht, der einerseits
den Futterbrei durchfeuchtet und ihn zum Schlucken
geeignet macht, anderseits aber auch für die im
Magen beginnende Verdauung vorbereitet.

Der Magen des Pferdes zeigt in seiner Einrichtung Besonderheiten, die bei der Fütterung
des Pferdes beachtet werden müssen, um eine
möglichst vollkommene Ausnutzung der Futterstoffe
zu erreichen und Verdauungsstörungen zu verhüten. Der Magen ist im Verhältnis zur Größe

des Pferdes sehr klein, faßt nur etwa 10 bis 18 l
Inhalt, und nur ein Teil seiner Schleimhaut
sondert den für die Verdauung der Eiweißkörper
erforderlichen Magensaft ab; der andere Teil des
Magens stellt eine Art Vormagen dar, in welchem
sich besonders die Verdauung der durch das Kauen
vorbereiteten Stärke vollzieht. Die Verdauung
im Pferdemagen findet somit in zwei Perioden
statt. In der ersten Periode der Verdauung, die
1 bis 3 Stunden nach der Aufnahme des Futters
anhält und die besonders in der rechten Hälfte
des Magens stattfindet, wirkt wesentlich der beim
Kauen abgesonderte Speichel auf die Stärke ein,
wodurch dieselbe in lösliche Stärke, Dextrin, Zucker
und deren weitere Produkte, wie Milchsäure, umgewandelt wird. Darauf tritt die zweite Periode
der Verdauung ein, die sich in der linken Hälfte
des Magens abspielt, und bei der die Eiweißkörper durch den sauren Magensaft in lösliche
Eiweißverbindungen umgewandelt werden, wobei
jedoch die Verdauung der Stärke sich weiter vollzieht. Da bei Beginn einer Futterzeit in der
Regel noch Reste des letzten Futters im Magen
vorhanden sind, so verlaufen beide Verdauungs-
perioden dauernd nebeneinander. (Die besprochene
Einrichtung des Magens macht es notwendig, die
Pferde öfters mit kleinen Gaben zu füttern und
das Wasser vor dem Füttern zu verabreichen, damit der Aufenthalt der Nahrungsmittel im Magen
nicht abgekürzt wird und die Verdauungssäfte nicht
verdünnt werden.)

Die aus dem Magen in den Dünndarm
übertretenden Nährstoffe, die infolge des sauren
Magensaftes sauer sind, treffen hier mit der von
der Leber abgesonderten Galle, mit dem Absonde-
rungsprodukt der Bauchspeicheldrüse und mit dem

Drüsensaft des Darmes zusammen, welche den Futterbrei weiter erweichen, verflüssigen und somit für die Aufsaugung geeignet machen. Die noch vorhandene Stärke wird in Zucker verwandelt, die noch nicht veränderten Eiweißstoffe gehen in lösliche einfachere Verbindungen über; die Fette werden mit der Galle gemischt (emulgiert) und verseift und dadurch in eine Form gebracht, welche für den Übertritt in die Körpersäfte geeignet ist. Während der Futterbrei im Dünndarm den chemischen Veränderungen unterliegt, wird er durch die Darmbewegung weitergeschoben. Auf dem Wege zum Dickdarm verschwindet aber schon ein Teil der gelösten Stoffe durch die Darmwand in die Blutbahn, und dadurch vermindert sich ihre Menge mehr und mehr. Je weiter der Futterbrei im Dünndarm abwärts rückt, um so mehr treten an Stelle der eigentlichen Verdauungsvorgänge Gärungs- und Fäulnisprozesse auf. Der Hauptsitz der letzteren ist der Dickdarm, und zwar besonders der erste Abschnitt desselben, der Blinddarm.

Der Blinddarm des Pferdes ist außerordentlich groß und kann fast 30 l Inhalt aufnehmen. Die Futterreste verbleiben in demselben etwa 24 Stunden, ehe sie in den Grimmdarm übertreten. Die Fäulnis der noch nicht verdauten Eiweißkörper liefert, außer löslichen Spaltungsprodukten, Schwefelwasserstoff und aromatische Körper, die Gärung der Kohlehydrate liefert vorzugsweise Milchsäure und die der Fette Fettsäuren und Glyzerin, von denen sich die ersteren mit den im Darm vorhandenen Alkalien zu Kali- und Magnesiaseifen verbinden.

Je mehr der Darminhalt nach dem Mastdarm fortbewegt wird, um so größere Mengen von den löslichen oder durch die Verdauungssäfte gelösten Stoffen werden durch die Darmwand hindurch den Körpersäften zugeführt. Dadurch wird der Darminhalt mehr und mehr eingedickt, die unverdauten Rückstände der Futterstoffe und alles, was von den abgesonderten Verdauungs- säften nicht wieder in den Körper zurückgetreten ist, bilden den Kot, der im Mastdarm eine geballte Form annimmt und periodisch nach außen be- fördert wird.

Ist der Kot des Pferdes gut geballt, gelb- braun gefärbt, nicht sauer bzw. nicht sehr übel- riechend, und enthält er keine unverdauten Körner, so ist das dem Pferde gebotene Futter gut ver- braucht und somit der Zweck der Fütterung (Ersatz des Verbrauchten, Fleischansatz und Kraftleistung) erreicht.